OBSERVATIONS

SUR LES DEUX PROJETS DE LOI

RELATIFS

A LA LIBERTÉ DE LA PRESSE,

PRÉSENTÉS A LA CHAMBRE DES DÉPUTÉS,

PAR M. LE GARDE - DES - SCEAUX,

Dans la Séance du 3 décembre 1821;

Précédées de quelques considérations sur la discussion
incidente qui s'est élevée dans la même séance,

PAR M. D. S. J. D. C.,

LE 12 DÉCEMBRE 1821.

Quel esprit de vertige et d'erreur a tout à coup
plané sur d'augustes conseils.

CAMILLE JORDAN.

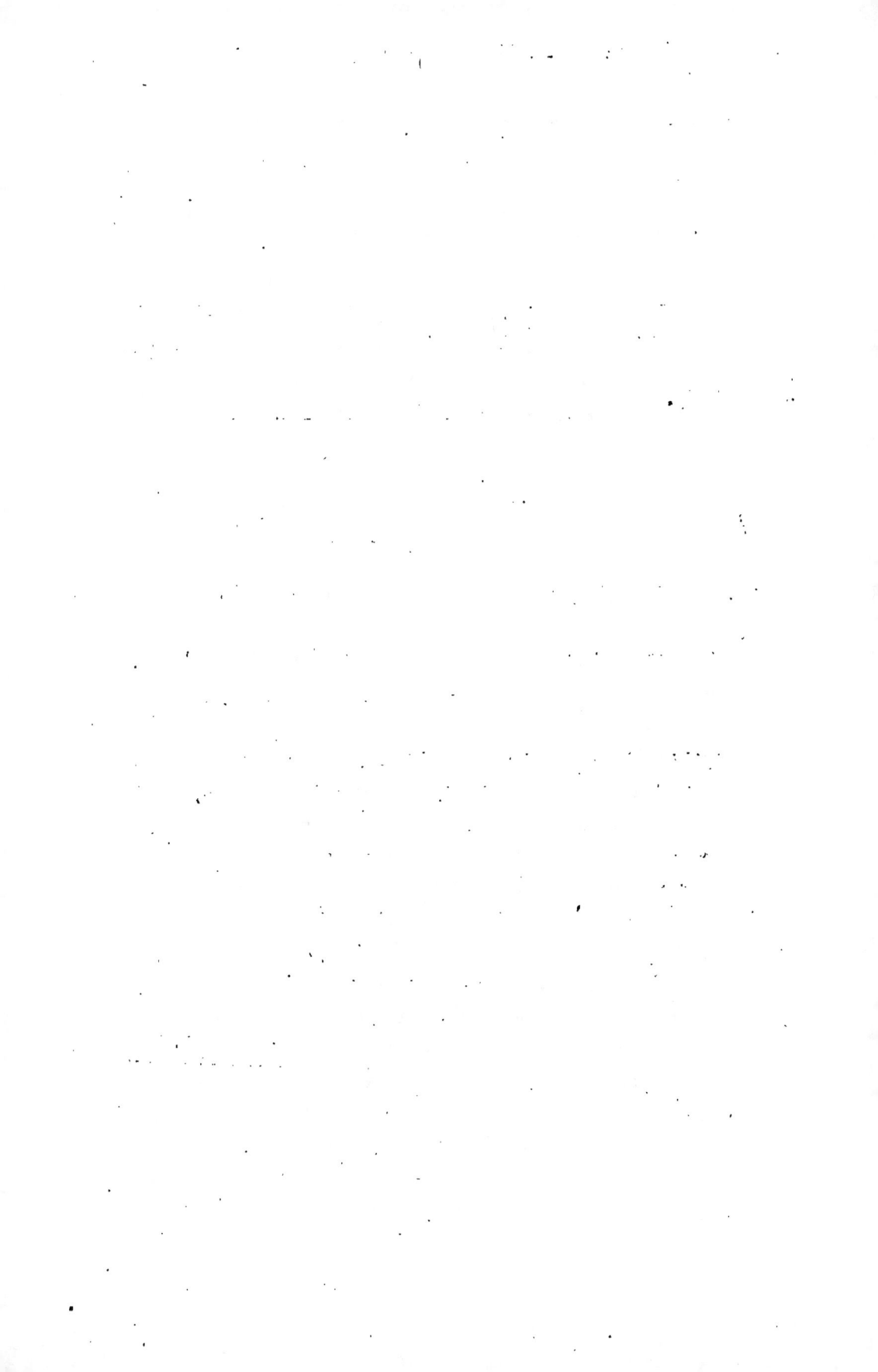

CONSIDÉRATIONS

Sur le Discours prononcé par M. de Lalot, Député du département de la Marne, dans la séance du 3 décembre 1821, pour le rappel au réglement, et sur la discussion à laquelle il a donné lieu.

~~~~~~~~~~~~~~~

Cette séance du 3 décembre a été fort remarquable, d'abord par la communication faite par le gouvernement, et non moins encore peut-être par l'incident extraordinaire qui l'a suivie. Avant de présenter quelques observations sur les deux projets de loi relatifs à la liberté de la presse, et sur les considérations dont M. le Garde-des-sceaux les a fait précéder, je me propose de rechercher jusqu'à quel point la discussion qui a suivi cette présentation de loi était conforme à l'ordre d'une sage délibération. Tout le monde sait de quelle importance sont les formes parlementaires dans un gouvernement représentatif; les hommes qui veulent la vraie liberté sentent combien elle est menacée, sitôt que le désordre s'introduit dans les institutions sociales, et surtout dans les discussions législatives : ce n'est donc pas une chose inutile que de rechercher si l'on a véritablement suivi dans cette séance mémorable, les règles de discussion prescrites par la raison et la sagesse. On voit que pour le moment je ne veux aucunement m'occuper du fond de la question, je n'en examine que la forme.

Quoique les antécédens qui ont amené cette vive discussion soient tout récens et trop remarquables pour n'être

1.

pas présens à la mémoire de tout le monde, comme ici les moindres mots sont des faits, je crois devoir rappeler les phrases de l'adresse de la Chambre des Députés, et celles de la réponse de Sa Majesté, qui ont donné lieu au discours de M. de Lalot.

« *Nous nous félicitons, Sire, ont dit MM. les Députés*
» *des départemens, de vos relations amicales avec les puis-*
» *sances étrangères, dans la juste confiance qu'une paix si*
» *précieuse n'est point achetée par des sacrifices incompa-*
» *tibles avec l'honneur de la nation et la dignité de la cou-*
» *ronne.* »

A quoi le roi à répondu :

« *Dans l'exil et la persécution, j'ai soutenu mes droits,*
» *l'honneur de ma race et celui du nom français. Sur le*
» *trône, entouré de mon peuple, je m'indigne à la seule pen-*
» *sée que je pusse jamais sacrifier l'honneur de la nation et*
» *la dignité de ma couronne.*

» *J'aime à croire que la plupart de ceux qui ont voté*
» *cette adresse n'en ont pas pesé toutes les expressions.*
» *S'ils avaient eu le temps de les apprécier, ils n'eussent pas*
» *souffert une supposition que comme roi je ne dois pas*
» *caractériser, que comme père je voudrais oublier.* »

A l'ouverture de la séance du 3 décembre, qui était la première depuis cette réponse de Sa Majesté, la parole fut donnée par M. le président à M. le Garde-des-sceaux. S. Exc. développa dans un discours, qui dura plus d'une heure et qui fut interrompu plusieurs fois, les motifs de deux projets de loi sur la liberté de la presse; le premier relatif à la répression des délits commis par la voie de la presse, ou par tout autre moyen de publication, et des outrages et des diffamations envers les corps constitués et les fonctionnaires publics; le second relatif à la censure des journaux pendant cinq ans encore. M. le baron Cuvier, conseiller d'état, fit lecture des deux projets de loi, et acte fut donné aux ministres du roi de cette présentation de loi, par M. le président de la Chambre. Il restait à décider quel jour s'ouvrirait la discussion, lorsque M. de Lalot demanda la parole pour le rappel au réglement. C'est un des articles du réglement de la Chambre que toutes les fois qu'un membre demande la parole, soit pour le rappel à l'ordre, soit pour le rappel au réglement, elle lui est aussitôt accordée. Cette mesure est prescrite par le bon sens qui veut, que si un membre s'écarte de l'ordre, ou si la Chambre s'écarte du réglement, un député puisse prendre aussitôt la parole pour ramener la discussion dans la voie dont elle est mal à propos sortie. Or, quel article du réglement M. de Lalot prétendoit-il avoir été violé? L'art. 66 relatif aux pétitions, dont il n'était nullement question quand il demanda la parole : si M. de Lalot eût véritablement voulu rappeler à la Chambre l'art. 66 du réglement pour en obtenir l'exécution; il devoit demander la parole à cet effet, au moment de la séance, où il est d'usage de rendre compte des pétitions; c'était la place naturelle de son observation et la seule où elle dût être entendue. Si la Chambre admet que sous le motif du rappel au réglement, sous quelque rapport que ce soit, tout Député peut au milieu d'une discussion prendre la parole, pour attirer l'attention de la chambre sur un autre objet que celui de la délibération; il n'y a pas de raison pour que la confusion la plus grande ne trouble toutes les discussions, car on peut toujours trouver quelque motif, plus ou moins spécieux, de prétendre que la chambre a violé son réglement : Je pense qu'un membre de la Chambre ne peut obtenir la parole pour le rappel au réglement, que dans le moment même de la discussion où le réglement lui paraît violé.

manifestement la nécessité que l'on a vue d'accorder sur-
le-champ la parole à un Député qui la demande pour le
rappel au réglement n'a pas pu être fondée sur l'urgence de
réparer un désordre déjà plus ou moins éloigné, mais bien
d'empêcher une violation présente des règles que la Chambre s'est prescrites. Et puis d'ailleurs, il est contraire à
toute raison que l'on puisse à propos d'une chose, prendre
la parole pour parler d'une autre.

Il me paraît donc que c'est mal à propos, dans cette circonstance, que M. de Lalot a obtenu la parole.

On demandera peut-être de quelle importance cela est
ici, et si ce que M. de Lalot a dit dans cet instant aurait
perdu ou gagné à l'être dans tout autre ? Cela n'est pas ce
qui m'occupe : j'ai voulu jusqu'ici traiter seulement la
question réglementaire, et rien de plus ; j'ai voulu établir
que lorsqu'un Député demande la parole pour le rappel au
réglement, il doit prouver que le réglement est violé par
la tournure que prend la discussion au moment où il demande la parole.

Je poursuis l'examen de cette discussion.

M. de Lalot ayant parlé, M. de Serre a cru devoir répondre : il me semble encore que M. de Lalot ayant de-
mandé la parole pour le rappel au réglement, on ne devait
lui répliquer uniquement que pour établir que le réglement
n'avait pas été violé. Toute autre réponse était hors de la
question, et remarquons même que ce n'était guère à M. le
Garde-des-sceaux à faire la réplique relative à la violation
du réglement. Que si le ministre pensait ne pouvoir laisser
passer, sans réponse d'aucune espèce, les allégations de
M. le Député ; il pouvait déclarer que, lorsque ces allégations seraient reproduites dans la forme prescrite par le
réglement, il ne ferait pas difficulté d'y répondre.

Quoiqu'il en soit, M. de Serre ayant nié les allégations

de M. de Lalot, M. le vicomte Donnadieu s'est cru en droit de poursuivre cette discussion, et de monter à la tribune pour fournir, disait-il, la preuve des faits avancés par M. de Lalot ; et M. le président refusant de lui accorder la parole, M. de la Bourdonnaye a essayé de montrer que, puisque M. le Garde-des-sceaux avait relevé le gant jeté par M. de Lalot, la discussion était ouverte et qu'il fallait en venir aux preuves. En vérité, ceci est la plus complette inobservation des plus simples règles de toute discussion. Quoi ! parce qu'un membre de la Chambre aura, hors de propos, relevé quelques paroles d'un de ses collègues, dites également hors de propos, la discussion devra s'ouvrir sur ce sujet déplacé : il n'y aurait pas de raison, s'il en était ainsi, pour qu'une discussion finît jamais, ni pour que l'on pût une fois parvenir à prendre une délibération.

M. de Lalot a produit d'abord un grand effet à la tribune, par le début impétueux et véhément de son discours : presque personne dans l'assemblée n'a pu se défendre, dans le premier moment, d'être ému de l'indignation que manifestait l'honorable membre de la calomnie dont il prétendait que ses collègues et lui étaient l'objet. Mais ce premier mouvement passé, la réflexion est venue. M. de Lalot lui-même a singulièrement diminué l'impression vive que son discours avait d'abord faite ; l'effet qu'il avait produit résultait du mouvement oratoire qu'il avoit employé, et non de la force des choses qu'il avait dites ; c'était l'action et les paroles, et non la raison et les faits, qui avaient frappé les auditeurs. En restant à la tribune au-delà du temps que pouvait durer la chaleur du début de son discours, la suite en devint nécessairement froide en comparaison, et se réduisit à une sortie violente contre les ministres ; mais ce n'est pas ainsi que les ministres devraient être attaqués. Si l'on manquait, dans un gouvernement représentatif, des moyens, justes et convenables d'examiner la conduite des ministres, en ce qui touche les actes dont ils sont responsables; ce serait une lacune très-fâcheuse dans les institutions de l'Etat, qu'il faudrait s'empresser de remplir : mais jamais il ne sera convenable de diriger contre eux des attaques qui ne peuvent avoir aucun résultat légal, et auxquelles il est déraisonnable qu'ils répondent.

La première règle de toute assemblée délibérante est de ne rien souffrir qui ne tende directement au but de sa délibération ; eh bien , supposons que M. Donnadieu eût été entendu, et qu'il eût prouvé tout ce qu'on voudra supposer ; sur quoi, après l'avoir entendu, la Chambre aurait-elle dû voter ? On répondra que l'on aurait alors fait une proposition , et que la chambre aurait voté sur cette proposition ; mais c'est faire le fourreau avant l'épée : c'est une mauvaise manière de procéder.

Il me semble que M. de Lalot ne pouvait à propos du rappel au réglement, entamer la discussion à laquelle il s'est livré sur la conduite des ministres ; parce que cela ne pouvait donner lieu à aucune délibération.

Et enfin, quant à la calomnie dont M. de Lalot s'est plaint avec amertume, je ne vois pas comment il a pu en trouver des indices dans la réponse que sa Majesté a faite à l'adresse de la Chambre des Députés: s'il pouvait m'être permis, sans manquer au respect dû au Roi et à la Chambre des Députés , d'analyser les phrases que j'ai citées au commencement de cette note, je prouverais sans peine que la réponse de sa Majesté est la plus naturelle, la seule même qui pût être faite.

Sous ce dernier rapport, le discours de M. de Lalot aurait donc encore été intempestif; je veux dire qu'en supposant vrai le fait général de la calomnie qu'il imputait aux ministres , elle n'existait pas au moins dans l'espèce particulicre, au sujet de laquelle M. de Lalot leur en faisait le reproche.

Je ne me serais pas permis de publier cette opinion sur la liberté de la tribune, si je ne pensais qu'il est de la plus haute importance pour la paix et la félicité publiques, que des discussions aussi vives que celles de la séance du 3 décembre, ne s'élèvent jamais dans les Chambres sans conduire à un résultat. Il ne se perd pas un mot en France de tout ce qui se dit à la tribune des Députés ; et si des allégations aussi graves que celles que M. de Lalot a faites, y sont produites hautement contre les ministres, sans pour cela qu'il y soit donné suite, il ne peut en résulter manifestement que trouble et inquiétude dans l'esprit public. Il faut de deux choses l'une, ou mettre les ministres en accusation, ou les laisser en repos ; j'entends parler seulement quant à leurs actes administratifs : car les discours que l'on prononce contre eux, hors de ce but, n'en ont plus aucun conforme aux lois ; et tout ce qui est contraire aux lois est tyrannique et violent.

Rejetez donc les lois que proposent les ministres, si ces lois sont mauvaises : accusez-les, s'ils abusent du pouvoir exécutif, ou s'ils détournent les deniers publics : mais il y aurait inconséquence à ce que les mandataires de la France pour l'examen des actes des ministres, les traduisissent à l'opinion publique, par des discours qui ne paraîtraient pas avoir d'autre but, puisqu'ils n'auraient aucun effet légal.

OBSERVATIONS

Sur le premier Projet de Loi présenté à la Chambre des Députés, par M. le Garde-des-sceaux, dans la Séance du 3 décembre 1821.

JE diviserai les observations que je me propose de faire en deux paragraphes : le 1.ᵉʳ, observations générales sur l'ensemble du projet de loi : le 2.ᵉ, observations sur les articles. C'est au reste suivre l'ordre de délibération que la Chambre adopte ordinairement.

§. I.

Observations générales sur l'ensemble du Projet.

Jamais une assemblée quelque sage, quelque éclairée qu'elle soit, ne fera de bonnes lois sur une matière quelconque, si le projet qui lui en est soumis est mal conçu : c'est une vérité incontestable que si la loi repose sur une base vicieuse, quelque amendement que l'on y puisse faire, on n'en changera pas le système et qu'elle restera mauvaise : toute loi nouvelle est vicieuse quand elle n'est pas en harmonie avec la législation de l'Etat, quand elle peut y jeter de la confusion, et bien plus encore quand elle blesse la morale, l'équité, les coutumes, les mœurs ou les institutions : je ne parlerai pas de ces dernières considérations, parce que déjà l'on a dit sur cela au-delà même de ce qu'on devait et de ce qu'on pouvait dire ; et puis d'ailleurs parce que ce n'est pas sous ce rapport que le projet de loi me paraît devoir être attaqué ; mais je chercherai à démontrer que la loi proposée n'est pas en harmonie avec nos lois pénales , et qu'en ce sens elle blesserait la justice si elle était adoptée. Je relèverai aussi quelques vices de rédaction et quelques défauts de clarté. Cette tâche plus facile à remplir ne sera peut-être pas moins utile.

Je n'ai pas besoin de remonter aux élémens de bonheur des peuples , pour que l'on convienne qu'un des plus grands avantages dont puisse jouir une nation , est d'avoir des lois claires , précises et équitables. C'est au contraire une grande calamité pour les citoyens , quand les lois qui les régissent sont obscures , embrouillées , injustes. La loi proposée ne me paraît pas exempte des défauts qui font les mauvaises lois , et je vais essayer de le prouver en l'examinant avec soin. Elle se divise en deux titres, l'un traite de la répression , l'autre de la poursuite : cette division est conforme à celle de nos Codes ; elle renvoie le titre premier au Code pénal , et le second au Code d'instruction criminelle. Je suivrai ce même ordre et vais commencer par l'examen du premier titre.

La clarté des lois consiste en ce que le sens n'en soit pas susceptible de plusieurs interprétations ; en ce qu'elles ne présentent aucune idée vague , aucun mot qui ne soit défini , et en ce qu'elles n'impliquent jamais entr'elles aucune contradiction : cette qualité est surtout indispensable aux lois pénales qui touchent aux plus grands intérêts des citoyens : elles doivent définir le délit clairement, positivement , de façon à ce qu'il n'y ait jamais aucun doute sur la nature du fait qu'elles ont voulu atteindre. La peine doit être déterminée d'une manière non moins positive ; il ne doit y avoir aucun doute , aucune ambi-

guité sur ces deux points essentiels ; si le délit est mal
défini , comment les citoyens (1) s'abstiendront-ils de le
commettre , quand la loi ne leur paraîtra par l'avoir dé-
fendu ; et surtout quand ce seront des délits de la nature
de ceux que la loi proposée est destinée à réprimer , et
dont la conscience ne détourne pas naturellement ? Il n'y
a pas besoin que la loi dise que le meurtre est un crime ,
la nature en avertit de reste ; mais quand il s'agit des délits de la presse , la loi ne saurait dire trop clairement ,
trop nettement aux citoyens : ici finit le bien , et com-
mence le mal ; jusqu'ici vous êtes libres de dire , au-delà
vous seriez coupables. M. le Garde-des-sceaux a dit dans
les motifs qu'il était impossible de faire une bonne loi sur
cette matière , c'est trancher la question d'une manière
un peu prompte : quand cela serait , il faudrait au moins
faire la loi la moins mauvaise possible. Le délit étant bien
défini , la peine doit être bien déterminée : sans cette condition , l'usage du juri si sage en lui-même n'a plus d'a-
vantages réels : le tribunal en faisant à l'accusé , déclaré
coupable , l'application du *minimum* de la peine , qui est
extrêmement faible , l'absout presque réellement; et dans
d'autres cas , le juri qui voudrait lui voir appliquer une
peine légère , aime mieux l'absoudre que de l'exposer à
subir le *maximum* de celle fixée par la loi. Cette trop
grande latitude laissée aux tribunaux , pour l'application de
la peine , a encore un inconvénient plus fâcheux , c'est de
fournir dans la pratique des exemples de plusieurs accusés
du même délit , déclarés coupables par le juri à la même

---

(1) J'emploie souvent cette expression de citoyen faute d'un autre , non
dans son véritable sens pour désigner l'habitant de la cité ou de la ville;
mais par extension , pour dire l'habitant de l'état , de la patrie , y jouissant
des droits civils.

majorité , et punis de peines fort différentes. Enfin un inconvénient bien plus grave encore , c'est de montrer quelquefois une telle différence d'opinion entre le juri et le
tribunal , par la comparaison des différentes décisions de
l'un aux jugemens de l'autre , que ces deux pouvoirs
judiciaires font mutuellement leur critique , et livrent la
justice au mépris et à la haine des citoyens. La loi proposée est faite pour prévenir entr'autres délits les outrages envers les magistrats; gardez-vous que cette loi même
ne les expose à l'outrage le plus humiliant , le reproche de leurs jugemens cassés par l'opinion publique, ap-
puyée sur une autorité au moins équivalente à la leur ,
celle du juri.

La loi proposée me paraît manquer de clarté sous tous
les rapports : je ferai voir ce défaut dans chacun des articles en particulier en discutant les articles : je me bor-
nerai ici à quelques observations générales.

Le mot *attaque* employé dans deux articles de la loi
pour définir un délit est une expression beaucoup trop
vague , pour ne pas dire impropre : l'académie définit le
mot attaque, au propre , *l'action par laquelle on attaque*
l'ennemi ; et au figuré, *certaines paroles dites exprès*
pour disposer quelqu'un à accorder quelque chose , ou pour
sonder son intention, ou pour le piquer par quelque re-
proche. Or en remplaçant dans le projet de loi le mot
attaque par cette définition , les art. 2 et 3 n'ont plus
aucun sens : me dira-t-on à cela que l'on comprend bien
ce que le législateur a voulu dire ; cela se peut, mais
cela ne suffit pas ; les mots ont un sens fixe , déterminé ,
généralement connu , et c'est dans les lois le seul qu'ils
puissent avoir : aucune expression ne doit être ambigue :
de quel droit, avec cette loi , un juri oserait-il déclarer un
accusé coupable, lorsque celui-ci viendrait lui dire le

dictionnaire à la main , qu'on l'accuse d'un délit dont l'énoncé n'offre aucune espèce de sens.

Les mots *administrations publiques, classes de personnes, fonctionnaires publics, ministres de la religion ,* sont également vagues. L'injure (que la loi du 17 mai définit terme de mépris ou invective), commise envers les administrations publiques, est punie sévèrement par l'art. 5 du projet. Or , la loterie royale est une administration publique ; ne pourrai-je dire qu'un pareil établissement est subversif de toute morale ; qu'il est honteux pour une nation de souffrir un jeu qui séduit le pauvre par un appât trompeur , et lui vole le fruit de son travail? Ne pourrai-je dire ce que je pense de l'administration d'un établissement de cette nature, sans être atteint par l'art. 5 de la loi ? Faudra-t-il honorer et respecter l'âme d'une institution méprisable , parce que , telle odieuse qu'elle soit, ceux qui la gèrent n'en sont pas moins probes et vertueux : quoique cela soit possible dans l'espèce , c'est une théorie qu'on ne peut établir: autrement les tribunaux révolutionnaires , les comités de salut public pourraient être respectés; ils ne faisaient aussi qu'appliquer la loi.

C'est bien pis encore pour *les classes de personnes.* Dans un vaste état il y a une foule de professions , de classes de personnes qu'il faut tolérer et qu'on doit mépriser. Les agens de police sont une classe de personnes ; punira-t-on tous ceux qui publieront que l'action la plus basse est d'épier son concitoyen pour lui nuire , et gagner un infâme salaire. Les agens de police ne sont-ils pas aussi fonctionnaires publics ? Faudra-t-il les honorer à double titre ? Certes ce n'est pas là l'esprit de la loi ; elle serait d'avance frappée de réprobation par l'opinion générale : Je ne pousserai pas plus loin ces observations qui se reproduiront en détail dans la discussion des articles.

Quant à la fixation de la peine, la loi du 17 mai a introduit dans notre législation pénale un exemple pernicieux, et qui porte à l'institution du juri une atteinte grave : elle a laissé entre le *minimum* et le *maximum* des peines qu'elle a prononcées une latitude dont j'ai vainement cherché un seul exemple dans le Code pénal. Les observations que j'ai faites plus haut se représentent ici : que signifie la décision du juri, si la cour ou le tribunal peut à peu près l'annuller par l'application faible ou forte qu'il fait de la peine ? Quoi ! de deux hommes jugés également coupables par le juri, l'un sera condamné à trois mois et l'autre à cinq ans d'emprisonnement ! Rarement dans notre Code pénal, lorsque le *maximum* de la peine est de 2 ans, le *minimum* est-il d'un mois ; il est presque toujours de 5 et de 6 mois : je n'ai pas trouvé un exemple où le *maximum* de la peine étant de 5 ans, le *minimum* fût de moins de 2 ans. Dans les sections 3 et 4 du 3.e chap. du tit. 1 du liv. 3 du Code pénal, qui traitent des délits analogues à ceux que la loi proposée doit atteindre, c'est-à-dire depuis l'art. 199 jusqu'à l'art. 265, la peine varie depuis un, deux et trois mois, jusqu'à deux ans, ou depuis deux ans jusqu'à cinq. Si cette barrière imposée au tribunal est enlevée, bientôt ses arrêts tomberont dans le mépris et feront haïr le gouvernement. Le peuple, qui prend souvent un grand intérêt aux accusations de délits de la presse ; à qui d'ailleurs l'institution du juri est chère, ne manquera pas d'opposer aux arrêts des tribunaux (1) qui lui déplairont, d'autres arrêts des mêmes tribunaux, où, sur une déclaration semblable du juri, la peine aura été infiniment différente : l'injustice, la préva-

---

(1) Je n'emploie pas ce mot par opposition à ceux de *cour royale*, mais dans son sens général de juridiction d'un ou de plusieurs magistrats qui siègent ensemble.

rication des tribunaux paraîtra démontrée ; l'injustice sup-
posée dans le sanctuaire des lois attirera contre le gouvernement bien plus de haine et bien plus de mépris que l'art. 4
de la loi n'en pourra jamais prévenir. Il en est de même
pour les amendes : la latitude du plus au moins laisse aux
tribunaux un pouvoir arbitraire qui ne manquera pas de
les rendre bientôt suspects à l'opinion publique, et qui d'ailleurs pervertit le système du juri adopté par notre législation.

Les lois doivent être exactes et précises ; toute confusion
doit y être soigneusement évitée : il importe qu'il n'y ait
qu'une loi sur la même matière, et que les lois soient divi-
sées entre elles selon la nature des objets dont elles traitent.
Ces conditions nécessaires en matière civile, sont indis-
pensables en matière criminelle , mais en même temps la
division des lois y est plus facile : le nombre des crimes, des
délits et des contraventions est plus borné que celui des
droits , des transactions et des autres actes civils ; et surtout
le rapport entre les diverses fautes est plus aisé à détermi-
ner par leur nature, que ne l'est le rapport entre eux des
droits et des transactions civils : il est donc facile , et il n'est
pas moins important , qu'une nation ait un code où la série
de tous les crimes et de tous les délits soit déployée dans un
ordre méthodique, avec les peines dont les lois les punissent;
et que, hors de ce code , il n'y ait plus aucune loi pénale, si
ce ne sont les lois exceptionnelles, comme les lois militaires, etc. Nous avons un Code pénal, où (sans en faire l'éloge
sous tous les rapports) les crimes, les délits et les contraventions sont spécifiés avec soin : ceux que l'on peut commettre au moyen de la presse n'y sont pas particulièrement
désignés , parce que la presse n'était pas libre par les cons-
titutions de l'État , lorsque ce Code fut dressé et promul-
gué : les autres délits qu'atteint la loi proposée n'y sont pas

non plus assez caractérisés ; il me semble que la manière de dresser la loi nouvelle était de proposer d'intercaler au chap. 3 du Code pénal, intitulé : *Crimes et délits contre la paix publique :* à la section 4.e, *Résistance, désobéissance et autres manquemens envers l'autorité publique.* Après le §. 1.er qui traite de la *rebellion*, un paragraphe intitulé : *Cris et actes séditieux ;* il se composerait de l'art. 8 du projet, sauf les amendemens à y faire, s'il y a lieu ; la discussion à ce sujet, ainsi que celle sur les autres articles, trouvera sa place aux observations sur les articles. Après ce paragraphe intercalé, en viendrait un autre, intitulé : *Outrages envers les religions légalement reconnues, attentats contre les droits du Roi; l'autorité des Chambres, et contre les droits garantis par la Charte ; provocation à la haine ou au mépris du Gouvernement.* Ce paragraphe se composerait des articles 1, 2, 3 et 4 de la loi, sauf amendemens. Le titre du §. 2 actuel, qui deviendrait le 4.e, se changerait en celui-ci: *Outrages et violences envers les Chambres, les cours, tribunaux, corps constitués, et envers les dépositaires de l'autorité ou de la force publique.* Les art. 5 et 6 du projet trouveraient leur place dans ce paragraphe.

L'art. 10 de la loi proposée entrerait dans la 6.e section du même chapitre.

L'article 7 du projet ne se trouverait nulle part; non plus que l'art. 9 et que l'art. 11 ; aussi bien ces trois articles ne peuvent-ils d'aucune manière devenir des points de législation, comme nous le verrons quand nous le discuterons.

En suivant le mode que je propose, il est vrai de dire qu'il faudrait rapporter la loi du 17 mai, et la faire entrer aussi dans le Code pénal; qu'il faudrait encore faire la même opération pour la loi du 26 mai, et pour le titre 2 du projet de loi, lesquels devraient entrer dans le Code d'instruction criminelle; mais de ce mode, il résulterait le grand avantage

de n'avoir qu'un corps de lois uniforme, et non une législation indigeste, dont un article heurte ou blesse l'autre;
comme cela n'arrive que trop entre le projet de loi proposé,
la loi du 17 mai, et le Code pénal.

Le projet de loi ne rapporte ni les lois des 17 et 26 mai,
ni aucun article du Code : or l'article premier du projet,
quant à la qualification du délit, est à peu près le même,
comme l'a observé M. le Garde-des-sceaux, que l'art. 8 de
la loi du 17 mai; l'art. 2 du projet est conforme à l'art. 4 de
la loi; l'art. 3 du projet est le 4.ᵉ de l'art. 5 de la loi; l'art. 5
du projet est conforme à l'art. 15 de la loi; l'art. 6 du projet
se confond avec l'art. 16 de la loi, pour une partie au moins
et avec les art. 222 à 227, 260 à 264 du Code pénal. L'art.
8 du projet est en partie conforme à l'art. 5 de la loi. Et
malgré cette conformité entre ces différens articles dans la
qualification du délit, les peines prononcées par le Code, par
la loi du 17 mai, et le projet d'aujourd'hui ne sont nullement
les mêmes. Une pareille confusion est inconcevable, on ne peut
imaginer que l'on veuille laisser subsister simultanément
plusieurs lois qui prononcent de différentes peines contre les
mêmes délits. C'est rendre impossible l'administration de la
justice, c'est jeter le désordre dans la société.

Je supposerai pour le restant des observations que j'ai à
faire que les articles 4, 5, 8 et 15 de la loi du 17 mai 1819,
sont abrogés : mais toutefois il serait bon qu'un article du
projet le déclarât : en les supposant rapportés, ils ont existé
et ce n'est pas un léger inconvénient de prononcer aujour-
d'hui des peines doubles de ce qu'elles étaient il y a un an.
Cette variation dans la législation donne naissance à de justes
plaintes ; les citoyens ne peuvent voir sans douleur le même
délit recevoir un châtiment différent selon les temps ; quand
il conviendrait que la justice fût immuable comme la vérité,
dont elle doit avoir le caractère. Je reviendrai sur cette observation en discutant les articles.

Enfin les lois doivent être justes. Leur justice consiste en deux points; le 1.ᵉʳ que les peines soient proportionnées au délit; le 2.ᵉ que les peines entr'elles soient comme les délits entr'eux, celles-ci plus ou moins rigoureuses, selon que ceux-là sont plus ou moins graves. Le second point n'est guère qu'une conséquence du premier; mais si cette conséquence n'existe pas, c'est la preuve certaine que les lois sont injustes dans quelques-unes de leurs parties. Or c'est le vice du projet de loi. Il propose pour des délits manifestement moindres, des peines plus sévères que celles prononcées par le Code pour des délits plus graves. Je n'en citerai qu'une preuve parce que toutes les autres se trouveront en détail dans la comparaison que je ferai plus loin des articles du Code avec ceux de la loi proposée. Je prends seulement quant à présent celle que m'offre l'art. 1.ᵉʳ de la loi proposée.

Le Code pénal porte art. 261.

Ceux qui auront empêché, retardé ou interrompu les exercices d'un culte dans les lieux destinés ou servant actuellement à son exercice, ou les ministres de ce culte dans leurs fonctions, seront punis d'une amende de 16 fr. à 500 fr. et d'un emprisonnement de quinze jours à six mois.

Et l'art. 1.ᵉʳ de la loi proposée dit :

Quiconque par l'un des moyens énoncés en l'art. 1.ᵉʳ de la loi du 17 mai 1819, aura outragé ou tourné en dérision la religion de l'Etat, sera puni d'un emprisonnement de trois mois à cinq ans et d'une amende de 300 fr. à 6,000 fr.

Une pareille disproportion de peines pour des délits dont il est si facile de faire le rapprochement et la comparaison, ne peut subsister sans faire à la justice un outrage plus répréhensible et plus grave que tous ceux qu'elle peut recevoir d'ailleurs. Eh ! quoi, l'on punirait de 300 fr. d'amende et de trois mois de prison, et c'est le *maximum* de la peine, ceux qui par d'horribles blasphêmes, des impiétés, des cris, et du scandale, auraient, dans le temple même, empêché les exercices d'un culte, et celui qui, dans un lieu public, aurait par des discours tourné la religion en dérision, ou en moquerie ce qui est synonime, serait puni de la même peine, en supposant encore qu'on ne lui appliquât que le *minimum* de celle fixée par la loi. Une telle proposition ne me paraît pas pouvoir souffrir la discussion.

Celle des articles fera ressortir bien d'autres inconséquences du projet proposé avec les lois actuellement en vigueur.

Je passe à l'examen général du titre 2.

Je repèterai pour la loi du 26 mai et le titre 2 du projet, ce que j'ai dit de la loi du 17 mai et du titre 1.er. C'est que de même que les uns doivent être insérés au Code pénal, les autres devraient l'être au Code d'instruction criminelle.

On voit au premier coup d'œil que l'innovation introduite facultativement pour les Chambres, à l'art. 1.er du titre 2, de juger elles-mêmes les coupables de délits à leur égard, en les traduisant à leurs barres ; article 1.er qui, hors cette disposition, est le même que l'art. 2 de la loi du 26 mai, n'a d'autre but que de donner un moyen d'exécution de l'art. 7 du titre 1.er où il est dit que l'infidélité et la mauvaise foi dans le compte rendu par les journaux des séances des Chambres, des cours et des tribunaux seront punis. Si donc on démontre, comme je le ferai à la discussion des articles que l'art. 7 du titre 1.er est inadmissible, qu'il ne remplit pas le but d'ailleurs facile à atteindre, d'empêcher les journalistes d'abuser de la faculté qu'ils ont de rendre compte des séances des Chambres, des cours et des tribunaux ; l'innovation proposée devient inutile ; et les art. 1 et 2 du titre 1.er du projet de loi tombent d'eux-mêmes.

Ces articles d'ailleurs, s'ils devaient subsister ne pourraient rester tels qu'ils sont, parcequ'ils ne prévoient pas le

cas où les deux chambres seraient offensées par le même
écrit; au reste je reviendrai sur ce sujet, dans la discussion
des articles à laquelle je vais passer.

§. 2.

Observations sur les articles.

En conséquence de ce que j'ai dit aux observations générales, sur la nécessité de faire rapporter le projet de loi au
Code pénal, je vais en suivre la discussion dans un ordre
différent de celui où il est présenté; et après avoir lu le §.
1.er de la 4.e section du 3.e chapitre du titre 1.er du 3.e livre
du Code pénal, intitulé : *Rebellion*, je passe à l'article 8 du
projet de loi, que j'intitule : *cris et actes séditieux*.

L'article 8 du projet est ainsi conçu : *Seront punis d'un*
emprisonnement de quinze jours à deux ans, et d'une
amende de 1,000 fr. à 4000 fr.

1.º *Tous cris séditieux publiquement proférés.*

2.º *L'enlèvement ou la dégradation des signes publics de*
l'autorité royale, opéré en haine ou au mépris de cette au-
torité.

3.º *Le port public de tous signes extérieurs de ralliement ,*
non autorisés par le Roi , ou par des réglemens de police.

4.º *L'exposition dans des lieux ou réunions publics ; la dis-*
tribution ou mise en vente de tous signes ou symboles des-
tinés à propager l'esprit de rebellion, ou à troubler la paix
publique.

Je remarque d'abord que cet article est le même que l'art.
5 de la loi du 15 mai, à la différence de la peine : l'art. 5
est ainsi conçu : *Seront réputés provocation au délit et punis*
des peines portées par l'art. 3, (un emprisonnement de
trois jours à deux années et une amende de 50 fr. à 4000 fr.

où l'une de ces deux peines seulement, selon les circonstances, sauf les cas où la loi prononcerait une peine moins
grave contre l'auteur même du délit, laquelle serait alors
appliquée au provocateur).

1.º *Tous cris séditieux publiquement proférés , autres que
ceux qui rentrero ent dans la disposition de l'art.* 4, (l'attaque formelle contre l'inviolabilité du Roi, l'ordre de successibilité au trône etc., opérée par des cris, etc.).

2.º et 3.º Texte conforme à celui de l'art. 8 du projet.

Observons d'abord que la loi du 17 mai, laissant la faculté de porter une peine sans l'autre , savoir l'amende sans
la prison , ou la prison sans l'amende , et la latitude laissée
aux juges pour l'application de l'une ou de l'autre étant
très-grande , cette loi du 17 mai ne peut pas servir de base
pour la fixation à faire de la peine par la raison que nous
avons dite aux observations générales. Le projet propose
pour *minimum* de la peine , quinze jours de prison et mille
francs d'amende , et pour *maximum* deux ans de prison et
4000 fr. d'amende.

Cette peine est d'une application difficile , quant à l'a-
mende : les hommes qui communément se rendent coupables
des délits prévus par cet article , sont des gens de la plus
basse classe de la société qui ne pourront jamais la payer.
Il faudra donc , au termes de l'art. 53 du Code pénal ,
les retenir un an de plus en prison et les relâcher ensuite
comme insolvables. C'est un vice dans une loi qu'une peine
d'une nature dégénère en une autre, quand on en fait l'application.

D'un autre côté, les trois délits spécifiés dans cet article
sont moindres que la rebellion simple ; car ils se convertis-
sent en rebellion, si l'autorité publique cherchant à les faire
cesser, leurs auteurs résistent à cette autorité. Ils ne peuvent
donc être considérés que comme analogues ou équivalens à

la provocation à la rebellion , non suivie d'effet. Le Code pénal prononce, art. 218 , contre ce délit, la peine de six jours à un an de prison , le coupable peut en outre être condamné à une amende non moindre de 16 fr. ni supérieure à 200 fr., c'est la punition qu'il convient par analogie d'appliquer ici , et non pas une plus sévère qui confondrait les coupables de ce délit avec ceux de délits plus graves.

Tous les mots inutiles dans une loi, doivent en être retranchés ; il y a dans le 2.° de cet article les mots *en haine ou au mépris ,* mais toutes les fois qu'on enlèvera les signes publics de l'autorité royale en haine de cette autorité , ce sera aussi au mépris de cette autorité ; je proposerais donc de retrancher la première condition.

Voici quel serait l'article amendé comme je le propose :

Cris et actes séditieux.

Seront punis d'un emprisonnement de six jours à un an.

1.° *Tous cris séditieux publiquement proférés.*

2.° *L'enlèvement ou la dégradation des signes publics de l'autorité royale , opérés au mépris de cette autorité.*

3.° *Le port public de tous signes extérieurs de ralliement, non autorisés par le Roi, ou par des réglemens de police.*

Les coupables pourront être condamnés en outre à une amende de 16 fr. à 200 fr.

Sous un paragraphe intitulé : *Outrages envers les religions légalement reconnues ; attentats contre les droits du Roi , l'autorité des Chambres et les droits garantis par les art. 5 et 9 de la Charte ; provocation à la haine ou au mépris du Gouvernement.* Je comprends les art. 1, 2, 3, et 4 du projet.

L'art 1.er est ainsi conçu : *Quiconque , par l'un des moyens énoncés en l'art 1.er de la loi du 17 mai 1819 , aura outragé ou tourné en dérision la religion. de l'Etat, sera puni d'un emprisonnement de trois mois à cinq ans et d'une amende de 500 fr. à 6000 fr.*

Les mêmes peines seront prononcées contre quiconque aura outragé ou tourné en dérision toute autre religion, dont l'établissement est légalement reconnu en France.

Les lois ne sauraient être trop claires; je ne vois pas pourquoi au lieu de ces mots, *par l'un des moyens énoncés en l'art. 1.er de la loi du 17 mai 1819*, on ne mettrait pas le texte même de l'énoncé de ces moyens: cela éviterait pour comprendre une loi, de recourir à une autre.

Il n'est pas question dans cet article, *de la morale publique ni des bonnes mœurs;* comme il est indispensable de rapporter l'art. 8 de la loi du 17 mai, qui prononçoit des peines contre ceux qui outrageaient l'une ou les autres; il devient également indispensable d'en faire maintenant mention dans l'article.

Les mots *tourné en dérision* , qui signifient se moquer, sont faibles après celui d'outrager; ils rendent la loi inexécutable; car punira-t-on de la peine portée par l'article, celui qui se sera moqué d'une religion dans un lieu public: tandis que les blasphémateurs publics ne sont plus punis, je proposerois de les remplacer par ceux : *tenté de livrer au mépris.*

La peine qui a été portée par l'article 8 de la loi du 17 mai, est celle d'un emprisonnement d'un mois à un an, et d'une amende de 16 fr. à 500 fr.

On voit que l'extension dont a parlé M. le Garde-des-sceaux porte principalement sur la peine.

Mais l'art. 262 du Code pénal est ainsi conçu : *Toute personne qui aura , par paroles ou gestes , outragé les objets d'un culte dans les lieux destinés ou servant actuellement à son exercice , ou les ministres de ce culte dans leurs fonctions ; sera punie d'une amende de 16 fr. à 500 fr. , et d'un emprisonnement de quinze jours à six mois.*

On voit qu'une partie de cet article est identique à celui du projet ; tous deux mentionnent l'outrage par discours , et même le Code désigne le temple même , comme l'endroit public ; puisque le projet de loi considère le délit comme le même , quel que soit celui des moyens qu'il énonce , par lequel il aura été commis ; et puisque le délit commis par l'un de ces moyens est déjà prévu par l'art. 262 du Code , la peine se trouve donc toute déterminée ; à moins que l'on ne veuille réformer le Code en ce point , et par contre-coup en réformer toutes les peines qui sont proportionnelles entre elles. D'après cela , l'article amendé serait ainsi conçu :

Quiconque , soit par des discours , des cris ou des menaces proférés dans les lieux ou réunions publics , soit par des écrits , des imprimés , des dessins , des gravures , des peintures ou emblèmes vendus ou distribués , mis en vente ou exposés dans les lieux ou réunions publics , soit par des placards et affiches exposés aux regards du public , aura outragé , ou tenté de livrer au mépris la religion de l'État , la morale publique ou religieuse , ou les bonnes mœurs , sera puni d'un emprisonnement de quinze jours à six mois , et d'une amende de 16 fr. à 500 fr.

Les mêmes peines seront prononcées contre quiconque aura outragé ou tenté de livrer au mépris , toute autre religion dont l'établissement est légalement reconnu en France.

L'art. 2 est ainsi conçu : *Toute attaque par l'un des mêmes moyens contre la dignité royale , les droits ou l'autorité du Roi , l'inviolabilité de sa personne , l'ordre de successibilité au trône , les droits ou l'autorité des Chambres ,*

sera puni d'un emprisonnement de trois mois à cinq ans,
et d'une amende de 3oo *fr. à* 6ooo *fr.*

J'ai remarqué que le mot *attaque* était impropre ; le mot
attentat est consacré par la législation, l'académie et l'usage ;
je proposerai donc de le substituer à l'autre.

La loi du 17 mai portait à peu près la même peine contre
ce délit que le projet ; mais le projet assimilant ce délit
pour la peine avec celui mentionné dans l'article précédent, j'adopterai cette homogénéité reconnue par le minis-
tère dans son projet de loi.

Je rappellerai ici que ce n'est pas la gravité des peines
qui prévient les délits, mais leur justice et leur sévère application : les lois sont bien plus souvent trop rigoureuses
que trop douces, et la punition est toujours assez forte,
quand l'opinion publique se joint au jugement des juges
pour condamner le coupable. Au contraire, quand la punition est rigoureuse, l'opinion publique la blâme souvent ;
quelquefois elle met le coupable à l'abri de l'effet de la loi,
et toujours au moins elle l'indemnise et au-delà soit en son
amour-propre, soit en considération réelle, soit même autrement, du châtiment trop dur qu'il a éprouvé. Une simple
censure dans la bouche d'un magistrat vertueux, et dont
tout le peuple confirmait l'arrêt, a couvert quelquefois un
coupable de plus de honte, et a été un frein plus puissant
aux crimes, que ne l'auraient été les plus sévères condam-
nations.

Revenant à l'art. 2, je proposerais qu'il fût amendé
ainsi :

Tout attentat par l'un des mêmes moyens contre la dignité
royale, les droits ou l'autorité du Roi, l'inviolabilité de sa per-
sonne, l'ordre de successibilité au trône, les droits ou l'auto-
rité des Chambres sera puni d'un emprisonnement de quinze
jours à six mois, et d'une amende de 16 *fr. à* 5oo *fr.*

L'article 3 est ainsi conçu : *L'attaque, par l'un de ces moyens, des droits garantis par les art. 5 et 9 de la Charte constitutionnelle ; sera puni d'un emprisonnement d'un mois à trois ans et d'une amende de* 100 *fr. à* 4000 *fr.*

Par les mêmes raisons qui m'ont fait proposer l'amendement de l'art. 2 , je proposerai d'amender ainsi l'art. 3.

L'attentat par l'un de ces moyens contre les droits garantis par les art. 5 et 9 de la Charte constitutionnelle ; sera puni d'un emprisonnement de six jours à trois mois, et d'une amende de 16 *fr. à* 200 *fr.*

L'art 4 est ainsi conçu : *Quiconque par l'un des mêmes moyens, aura excité à la haine ou au mépris du gouvernement du Roi, sera puni d'un emprisonnement d'un mois à quatre mois , ou d'une amende de* 150 *fr. à* 5000 *fr.*

Par des raisons analogues à celles déduites au sujet des articles précédens, je proposerai de l'amender comme il suit :

Quiconque par l'un des mêmes moyens aura excité à la haine ou au mépris de l'autorité du Roi , sera puni d'un emprisonnement de six jours à six mois , et d'une amende de 16 *à* 500 *fr.*

Le § 2 de la 4.e section du 3.e chapitre du titre 1.er du livre 3.e du Code pénal , deviendrait comme on l'a vu aux observations générales le § 4, il serait intitulé : *Outrages et violences envers les Chambres , cours , tribunaux , corps constitués ; et envers les dépositaires de l'autorité et de la force publiques.*

Sous ce paragraphe se rangeraient les art. 5 et 6 du projet, l'art. 5 deviendrait le 1.er de ce paragraphe, et l'art. 6 le second.

L'art. 5 est ainsi conçu dans le projet : *La diffamation ou*

l'injure par l'un des mêmes moyens, envers les cours, tribu-
naux, corps constitués, autorités ou administrations publi-
ques, sera punie d'un emprisonnement de quinze jours à deux
ans, et d'une amende de 1000 fr. à 4000 fr.

Dans le but de rapporter l'art. 15 de loi du 17 mai, qui
fait complication avec celui-ci, il conviendrait de faire figurer à la loi nouvelle les définitions de la diffamation et
de l'injure, qui forment l'art. 13 de ladite loi.

La peine portée par l'art. 5, se trouve conforme d'une part
à celle de la loi du 17 mai et de l'autre en harmonie avec
l'art. 222 du Code, ainsi conçu : *lorsqu'un ou plusieurs ma-*
gistrats de l'ordre administratif ou judiciaire, auront reçu
dans l'exercice de leurs fonctions, ou à l'occasion de cet
exercice, quelqu'outrage par paroles tendant à inculper leur
honneur ou leur délicatesse, celui qui les aura ainsi outragés
sera puni d'un emprisonnement d'un mois à deux ans.

Si l'outrage a eu lieu à l'audience d'une cour ou d'un tri-
bunal, l'emprisonnement sera de deux à cinq ans.

Il n'y a de différence que l'amende, que conformément
au Code je ne crois pas convenable d'établir, si ce n'est dans
le cas ou le délit aura été commis par le moyen de la presse;
cas où l'amende est nécessaire pour ôter à l'auteur l'espé-
rance d'un gain coupable dont la loi le dépouillerait; ce qui
sera ultérieurement prévu par une disposition générale.

L'article serait donc amendé comme il suit :

Toute allégation ou imputation d'un fait qui porte at-
teinte à l'honneur ou à la considération de la personne ou du
corps auquel le fait est imputé, est une diffamation.

Toute expression outrageante, terme de mépris ou invec-
tive, qui ne renferme l'imputation d'aucun fait, est une
injure.

La diffamation ou l'injure commise par l'un des moyens
énoncés en l'art. 2 de la présente loi envers les cours, tribu-

tiaux ou autres corps constitués sera punie d'un emprisonne-
ment de quinze jours à deux ans.

L'art. 6. du projet est ainsi conçu : *l'outrage fait publique-*
ment d'une manière quelconque à raison de leurs fonctions
ou de leurs qualités, soit à un ou plusieurs membres de l'une
des deux Chambres, soit à un fonctionnaire public, soit
enfin à un ministre de la religion de l'Etat ou de l'une des re-
ligions dont l'établissement est légalement reconnu en France,
sera puni d'un emprisonnement de quinze jours à deux ans
et d'une amende de 1000 fr. à 4000 fr.

Le même délit envers un juré, à raison de ses fonctions,
ou envers un témoin à raison de sa déposition, sera puni
d'un emprisonnement de dix jours à un an, et d'une amende
de 50 fr. à 3000 fr.

L'outrage fait à un ministre de la religion de l'Etat, ou
de l'une des religions légalement reconnues en France, dans
l'exercice même de ses fonctions, sera puni des peines portées
par l'art. 1.er de la présente loi.

Si l'outrage dans les différens cas prévus par le présent
article, a été accompagné d'excès ou violences envers leurs
personnes, le coupable sera puni conformément aux art.
228, 229, 231, 232 et 233 du Code pénal.

On voit que cet article assimile les membres des Chambres
aux magistrats ; cette assimilation est juste et la peine que
propose l'article est conforme à celle prononcée par l'art.
222. du Code pénal , cela va sans difficulté ;

Mais l'article assimile encore aux magistrats, aux Pairs
de France, et aux Députés, tous les fonctionnaires publics
et tous les ministres des cultes. Cela est en contradiction
avec le Code pénal d'une part, comme je vais le montrer,
tandis que de l'autre il n'est pas conforme à la raison que le
premier magistrat d'un département puisse être outragé
comme le moindre fonctionnaire public, sans que le cou-

pable soit puni d'une peine plus grave. Au reste nous n'a-
vons que deux espèces de fonctions publiques ; celles des
magistrats qui administrent, ou rendent la justice ; et celles
des dépositaires de la force publique qui exécutent les
ordres des magistrats ; l'art. 222 du Code pénal a prévu
l'outrage à l'égard des premiers , l'art. 224 l'a prévu à l'é-
gard des autres ; il est ainsi conçu : *l'outrage fait par paroles,
gestes ou menaces à tout officier ministériel , ou agent dépo-
sitaire de la force publique , dans l'exercice ou à l'occasion
de l'exercice de ses fonctions , sera puni d'une amende de
16 fr. à 200 fr.*

Il n'y a donc plus rien à faire : le mot vague de *fonctionnaire public* introduit dans l'article proposé ne peut que
faire complication et confusion avec l'art. 224 du Code qui
est clair, précis, et a jusqu'à présent mis tous les dépositaires
de l'autorité publique à l'abri de tout outrage. Le gouvernement de Bonaparte, (que l'on cite souvent et souvent mal
à propos, comme l'a fait dans la séance du 3 décembre M.
de Lalot en faisant remarquer comme un argument sans réplique que le despote n'aurait pas souffert qu'on qualifiât
d'exagéré aucun de ses serviteurs ; ce qui ne prouve rien ,
parce qu'il n'y a jamais d'exagération en faveur d'un gouvernement despotique, dont toute l'existence est un excès ;
tandis que la modération étant l'attribut d'un gouvernement
mixte , toute exagération y est vicieuse) ; le gouvernement
de Bonaparte donc , si ombrageux dans le maintien de son
autorité , et qui protégeait avec tant de sollicitude tous ses
agens, serviteurs, employés , etc., s'est contenté de cet
article ; il est probable qu'il peut suffire encore.

Les *ministres de la religion ,* et je crois que c'est les *ministres d'un culte* qu'il faut dire , sont également assimilés aux
magistrats ; mais l'art. 262 que nous avons déjà cité est ainsi
conçu : *toute personne qui aura , par paroles ou gestes , ou-*

tragé les objets d'un culte dans les lieux destinés ou servant
actuellement à son exercice, ou les ministres de ce culte dans
leurs fonctions sera puni d'une amende de 16 fr. à 500 fr. et
d'un emprisonnement de quinze jours à six mois.

Il prévoit l'outrage commis envers les ministres des cultes dans l'exercice de leurs fonctions : il n'y aurait tout au
plus, avec la plus grande rigueur possible, qu'à ajouter que
la peine sera la même pour quiconque les aura outragés à
raison de leurs fonctions ou de leurs qualités : mais je
crois plus équitable de n'appliquer dans ce cas que la
peine immédiatement moindre, celle d'un emprisonnement de six jours à un mois, et d'une amende de 16 fr.
à 200 fr.

Il n'est pas raisonnable de punir de la même peine l'outrage fait envers le juré, et celui envers le témoin ; l'un
remplit les fonctions de juge, et est revêtu d'un caractère
honorable ; l'autre n'en a aucun ; l'outrage que peut lui
adresser l'accusé n'est quelquefois que l'expression de la
vérité, et tel procès nous offrirait l'exemple d'accusés plus
purs que les témoins qui les incriminaient : toutefois pour
protéger leur indépendance, on peut punir l'outrage à
leur égard ; mais d'une peine beaucoup moindre que celle
appliquée à celui qui aura outragé un juré. En conser-
vant le peine prononcée par l'art. du projet, sauf la ré-
duction de l'amende selon l'échelle de proportion des
amendes avec les emprisonnemens, l'outrage envers le
juré sera puni d'un emprisonnement de dix jours à un
an, et d'une amende de 16 fr. à 300 fr. l'outrage envers
un témoin pourra être puni d'un emprisonnement de six
jours à un mois, et d'une amende de 16 fr. à 200 fr.

Le 4.ᵉ paragraphe de l'art. 6 du projet de loi, prévoit le même cas que l'art. 262 du Code pénal : il y aurait le plus fâcheux abus à avoir deux lois différentes sur

le même délit ; il faut nécessairement supprimer ce paragraphe ou changer tout le §. 8 de la 4.ᵉ section du 3.ᵉ chapitre du titre 1.ᵉʳ du 3.ᵉ livre du Code pénal. Art. 260
à 264.

Le dernier paragraphe de l'art. est conforme au Code ,
il n'y a pas matière à discussion.

Ainsi l'article entier amendé d'après ces observations
réduit à celui-ci :

*L'outrage fait publiquement d'une manière quelconque
à raison de leurs fonctions ou de leurs qualités , soit à
un ou à plusieurs membres de l'une des deux Chambres ,
sera puni d'un emprisonnement de quinze jours à deux ans.*

*L'outrage fait à un ministre d'un culte légalement re-
connu en France , à l'occasion de ses fonctions ou de sa
qualité , sera puni d'un emprisonnement de six jours à un
mois , et d'une amende de 16 fr. à 200 fr.*

*Le même délit envers un juré , à raison de ses fonc-
tions , sera puni d'un emprisonnement de dix jours à un
an , et d'une amende de 16 fr. à 300 fr.*

*Le même délit envers un témoin à raison de sa dépo-
sition , sera puni d'un emprisonnement de six jours à un
mois , et d'une amende de 16 fr. à 200 fr.*

*Si l'outrage dans les différens cas prévus par le présent
article a été accompagné d'excès ou violences envers leurs
personnes , le coupable sera puni conformément aux dispositions des art. 228 , 229 , 231 , 232 , 233 et 263 du
Code pénal.*

⁕⁕⁕⁕⁕⁕⁕⁕⁕⁕⁕⁕⁕⁕⁕⁕⁕⁕⁕⁕⁕

L'art. 10 du projet deviendrait comme je l'ai dit , le
1.ᵉʳ art. de la 6.ᵉ section du 3.ᵉ chapitre déjà cité du
Code pénal.

Il est ainsi conçu : *Toute publication , vente ou mise*

en vente, exposition, distribution, sans l'autorisation préalable du gouvernement, de dessins gravés ou lithographiés, sera pour ce seul fait punie d'un emprisonnement de trois jours à six mois et d'un amende de 10 fr. à 500 fr., sans préjudice des poursuites auxquelles pourrait donner lieu le sujet du dessin.

Cet article se trouvant d'accord avec l'art. 283 du Code pénal dont voici le texte : *Toute publication ou distribution d'ouvrages, écrits, avis, bulletins, affiches, journaux, feuilles périodiques ou autres imprimés, dans lesquels ne se trouvera pas l'indication vraie des noms, profession et demeure de l'auteur ou de l'imprimeur, sera pour ce seul fait, punie d'un emprisonnement de six jours à six mois, contre toute personne qui aura sciemment contribué à sa publication ou distribution :* je ne vois pas qu'il soit nécessaire de modifier l'article du projet.

Il nécessite l'abrogation de l'art. 8 de la loi du 31 mars 1820, avec lequel il fait confusion.

~~~~~~~~~~~~~~~~~~~~~~~~~~~~~~~

La nécessité que nous avons remarquée de punir d'une amende tous les délits commis par la voie de la presse, afin d'enlever aux auteurs par la crainte de cette amende, l'espoir du gain illicite qu'ils pourraient faire par des écrits coupables, autoriserait un article ainsi conçu :

Dans tous les cas exprimés dans la présente loi, où le délit aura été commis par le moyen de la presse, le coupable pourra en outre des peines portées par la loi être condamné à une amende qui n'excédera jamais 3000 fr.

Il est indispensable d'abroger les articles de la loi du 17 mai avec lesquels ceux de la loi nouvelle font confusion. La loi contiendrait donc encore l'article suivant :

Les art. 4, 5, 8, 13, 14 et 15 de la loi du 17 mai 1819, et l'art. 8 de la loi du 31 mars 1820 sont abrogés.

3

On voit que je ne parle pas des autres articles de la loi du 17 mai, quoique quelques-uns d'eux soient en contradiction avec le Code pénal, notamment les art. 16, 18, 19 et 20. Il serait à désirer qu'au lieu de présenter des projets de lois incomplets, on eût abrogé la loi du 17 mai en entier et reproduit, dans une loi méthodique, les articles qu'on en aurait voulu conserver.

Il me reste à parler des art. 7, 9 et 11 du projet que je propose de rejeter entièrement.

OBSERVATIONS

Sur l'art. 7 du Projet.

L'art. 7 est ainsi conçu : *L'infidélité et la mauvaise foi dans le compte que rendent les journaux et écrits périodiques, des séances des Chambres et des audiences des Cours et Tribunaux, seront punies d'une amende de 100 fr. à 6,000 fr.*

En cas de récidive, ou lorsque le compte sera offensant pour l'une ou l'autre des Chambres ou pour l'un des Pairs ou des Députés, ou injurieux pour la Cour, le tribunal, ou l'un des magistrats, des jurés ou des témoins, les éditeurs du journal seront en outre condamnés à un emprisonnement d'un mois à trois ans.

Dans les mêmes cas, il pourra être interdit aux propriétaires et éditeurs du journal ou écrit périodique condamné, de rendre compte à l'avenir des débats législatifs ou judiciaires. La violation de cette défense sera punie de peines doubles de celles portées au présent article.

La qualification du délit est contraire à toute équité ; on conçoit que l'infidélité résultante de la mauvaise foi, puisse être un délit, mais l'infidélité involontaire, l'infidélité sans aucun caractère de gravité, ne peut jamais être punissable. Ce n'est que la mauvaise fói que la loi peut se proposer d'atteindre.

Le second paragraphe prévoit le cas de récidive.

Il prévoit aussi l'offense envers l'une ou l'autre des Chambres, mais ce délit est déjà prévu par l'art. 11 de la loi du 17 mai 1819. Cela est inutile. Il prévoit l'offense envers les Pairs et les Députés, mais ce délit retombe dans l'outrage ou l'injure commis envers les membres des Chambres à l'occasion de leurs fonctions, délit prévu et puni par l'art. 6 du projet ; ainsi cette nouvelle disposition est encore inutile. Ce paragraphe porte aussi des peines contre l'injure envers les cours, les tribunaux, les magistrats, les jurés et les témoins, mais ce délit est déjà prévu par les art. 5 et 6 du projet. Le second paragraphe de l'art. 7 est donc absolument inutile et même dangereux par la confusion qu'il apporte dans les diverses dispositions des lois ; sauf ce qu'il dit de la récidive.

Le troisième paragraphe est à la fois une mesure pénale et de prévention.

Ainsi cet article se réduit à punir la mauvaise foi dans le compte rendu des séances des Chambres et des audiences des cours et tribunaux ; et remarquons bien que toutes les fois que cette mauvaise foi que nous cherchons à atteindre aura un caractère offensant, ou injurieux, elle est d'ailleurs punie par les lois : cette mesure paraît suffisante à l'égard du compte rendu des audiences des cours et tribunaux ; l'infidélité que, par mauvaise foi, pourraient apporter dans ce récit les journalistes ou même tous autres écrivains, ne peut avoir, tant qu'elle ne prendra pas le caractère de l'injure ou de l'outrage, aucune suite assez grave, pour que la société la doive considérer comme un délit.

5.

Quant aux séances des Chambres , il n'en est pas de même : les journaux ont adopté l'usage de marquer dans le compte rendu des séances toutes les interruptions qui arrivent dans les discussions de la Chambre des Députés ; et souvent ils ont su donner à ces incidens , que la stricte observation du réglement de la Chambre éviterait, une tournure propre à jeter de la défaveur ou du ridicule soit sur les discussions , soit sur un ou plusieurs membres de la Chambre ; mais il me semble qu'il est facile d'éviter cet inconvénient : voici ce que je proposerais :

Dans le compte fidèle et rendu de bonne foi des séances publiques de la Chambre des Députés , et qui , aux termes de l'art. 22 de la loi du 17 mai 1819 , ne donne lieu à aucune action juridique , les journaux ne pourront faire mention que des discours prononcés à la tribune , ou des opérations auxquelles la Chambre se livre aux termes de ses réglemens.

. Dans le cas de la violation de cette défense , il pourra être interdit aux propriétaires éditeurs du journal ou écrit périodique de rendre compte des débats de la Chambre pendant le reste de la session. Ils pourront aussi être punis d'une amende de 100 fr. à 3,000 fr.

OBSERVATIONS.

Sur l'article 9 du Projet.

L'article 9 est ainsi conçu : *quiconque par l'un des moyens énoncés en l'art. 1.er de la loi du 17 mai 1819, aura cherché à troubler la paix publique en excitant le mépris ou la haine des citoyens , contre une ou plusieurs classes de personnes , sera puni des peines portées en l'article précédent.*

Comme je l'ai remarqué , il n'y a rien de plus vague que le mot *classes de citoyens :* entend-on par là les diverses professions de la société, entend-on les propriétaires de biens nationaux, entend-on les nobles, ou les prêtres ? Dans ces diverses acceptions du mot *classe de la société*, l'art. 9 est admissible. Bossuet a dit en parlant des marchands, *les autres dans leurs boutiques débitent plus de mensonges que de marchandises :* Rousseau a dit en parlant de l'état militaire, du métier des armes: *vous saurez encore que dans ce métier même, il ne s'agit plus de courage, ni de valeur, si ce n'est peut-être au près des femmes; qu'au contraire le plus rampant, le plus bas, le plus servile est toujours le plus honoré.* etc. Ces deux citations me tombent sous la main, mais il n'est pas une classe de la société qui n'ait été attaquée par quelqu'écrivain célèbre. Si l'écrivain qui se permet une sortie de ce genre, a raison; les lois ne feront pas qu'il ait tort; s'il a tort, le mépris public tombera sur lui seul et non sur ceux qu'il aura attaqués. Il me paraît donc que cela n'est pas matière à une loi.

OBSERVATIONS.

Sur l'article 11.

L'article 11 est ainsi conçu : *L'article 10 de la loi du 9 juin 1819 est commun à toutes les dispositions du présent titre, en tant qu'elles s'appliquent aux propriétaires ou éditeurs d'un journal ou écrit périodique.*

Voici le texte de cet article 10. *En cas de condamnation les même peines leur seront appliquées* (aux propriétaires ou éditeurs responsables d'un journal ou écrit périodique, ou aux auteurs ou rédacteurs d'articles imprimés dans ledit journal ou écrit); *toutefois les amendes pourront être élevées au double, et, en cas de récidive portées au quadruple, sans préjudice des peines de la récidive prononcées par le Code pénal.*

Quand on aurait voulu embrouiller cet article, on n'aurait certainement pas mieux réussi.

Je crois, mais je me garderai bien d'assurer, qu'il signifie que, dans le cas où les dispositions du premier titre du projet s'appliquent aux propriétaires ou éditeurs de journaux ou feuilles périodiques, auteurs ou rédacteurs d'articles insérés dans lesdits journaux, les amendes prononcées par les articles dudit titre 1.er pourront être portées au double, et au quadruple en cas de récidive.

Mais les cinq premiers articles ne peuvent pas plus s'appliquer aux éditeurs de journaux pour leurs imprimés, qu'à tous autres auteurs. Les art. 6, 8, 9 et 10 ne les regardent pas davantage. Le but aurait donc été de proposer contre eux une amende de 6,000 fr. pour infidélité dans le compte rendu des séances; et que cette amende se trouvât portée à 12,000 fr. et en cas de récidive à 24,000 fr. par l'art. 11.

C'est le seul sens que je trouve à cet article; je ne puis cependant croire que ce soit ce qu'on ait voulu dire. Dans tous les cas, il est bon que l'article soit clair avant de l'adopter, et certes il ne l'est pas : Il faut donc le rejeter au moins quant à présent.

OBSERVATIONS.

Sur les articles du titre 2 du Projet.

Au moyen de l'article proposé à la place de l'art. 7 du projet, sur la mauvaise foi dans le compte rendu des séances de la Chambre des Députés; les poursuites à faire au lieu de celles prescrites par les deux premiers articles du titre 2 , sous les n.ºs 12 et 13, ne sortiront plus des formes de notre législation actuelle.

L'art. 12 est ainsi conçu : *Dans le cas d'offense envers les Chambres ou l'une d'elles , par l'un des moyens énoncés en la loi du 17 mai 1819 , la Chambre offensée sur la simple réclamation d'un de ses membres , pourra , si mieux elle n'aime autoriser les poursuites par la voie ordinaire , ordonner que le prévenu sera traduit à sa barre ; après qu'il aura été entendu ou duement appelé , elle le condamnera s'il y a lieu, aux peines portées par les lois. La décision sera exécutée sur l'ordre du président de la Chambre.*

Cet article est entaché d'un vice radical ; il prescrit que celui qui par un des moyens énoncés dans l'art. 1.er de la loi , aura offensé les deux Chambres, sera traduit à la barre de l'une d'elles et jugé par elle : l'écrivain qui dans le même ouvrage aura de la même manière, offensé la Chambre des Pairs et celle des Députés, sera-t-il jugé par chacune des deux Chambres pour le délit commis envers chacune d'elles ? Mais alors on conçoit que la diversité des deux jugemens rendus dans une espèce aussi identique , pourra porter la plus vive atteinte au respect dû aux Chambres.

Au reste, au moyen de l'amendement que j'ai proposé à l'art. 7, l'art. 12 se trouve amendé de la sorte.

Dans le cas d'offense envers les Chambres ou l'une d'elles , par l'un des moyens énoncés en l'art. 2 de la présente loi , la Chambre offensée sur la simple réclamation d'un de ses membres , pourra autoriser les poursuites.

L'article 13 du projet devient absolument nul. Il est ainsi conçu : *Les Chambres appliqueront elles-mêmes conformément à l'article précédent , les dispositions de l'art. 7 relatives au compte rendu par les journaux de leurs séances.*

Les dispositions du même art. 7 , relatives aux comptes rendus des audiences des cours et tribunaux, seront appli-

quées directement par les cours et tribunaux qui auront tenu ces audiences.

Observons en passant, que les tribunaux militaires connaîtraient dans ce cas, d'affaires civiles ; si la mauvaise foi se glissait dans le compte rendu par quelque journal de leurs séances.

L'art. 14 est ainsi conçu : *Seront poursuivis devant la police correctionnelle et d'office.*

1.º *L'injure dans les cas prévus par l'art. 5 de la présente oi , et par l'art. 9 de la loi du 17 mai 1819.*

2.º *Les délits prévus par les art. 6. , 8 et 10 de la présente loi.*

3.º *La provocation publique à des crimes non effectués , ou à des délits ; par la vente, distribution mise en vente , ou exposition dans des lieux ou réunions publics de dessins , gravures , peintures , ou emblèmes.*

Les autres délits prévus par la présente loi , seront jugés conformément à l'art. 13 de la loi du 26 mai 1819.

J'amende cet article comme il suit :

Seront poursuivis devant la police correctionelle et d'office :

1.º *Les délits prévus par les articles 1 , 7 , 8. (Ce sont les* art. 6 , 8 et 10 du projet) *de la présente loi.*

2.º *L'injure dans tous les cas prévus par l'art. 6. (C'est* l'article 5 du projet) *de la présente loi , et par l'art. 9 de la loi du 17 mai 1819.*

3.º *La provocation publique à des crimes* etc. (comme au projet).

4.º *La violation de la défense faite par l'art. 11 de la présente loi.*

Les autres délits prévus etc. (comme au projet).

PROJET DE LOI

Amendé selon les Observations précédentes.

(Code pénal, Livre III, Titre I.er, Chapitre III, Section IV.)

---

§. II.

Cris et actes séditieux.

Art. 1.er Seront punis d'un emprisonnement de six jours à un an :

1.º Tous cris séditieux publiquement proférés ;

2.º L'enlèvement ou la dégradation des signes publics de l'autorité royale, opéré au mépris de cette autorité ;

3.º Le port public de tous signes extérieurs de ralliement non autorisés par le Roi ou par des réglemens de police.

Les coupables pourront être condamnés en outre à une amende de 16 fr. à 200 fr.

§. III.

Outrages envers les religions légalement reconnues ; attentats contre les droits du Roi, l'autorité des Chambres, et les droits garantis par les art. 5 et 9 de la Charte. Provocation à la haine ou au mépris du Gouvernement.

Art. 2. Quiconque, soit par des discours, des cris ou des menaces proférés dans les lieux ou réunions publics, soit par des écrits, des imprimés, des dessins, des gravures, des peintures ou emblêmes vendus ou distribués, mis en vente ou exposés dans les lieux ou réunions publics, soit par des placards et affiches exposés aux regards du public, aura outragé ou tenté de livrer au mépris la religion de l'Etat, la morale publique ou religieuse, ou les bonnes mœurs, sera puni d'un emprisonnement de quinze jours à six mois, et d'une amende de 16 fr. à 500 fr.

Les mêmes peines seront prononcées contre quiconque aura outragé ou tenté de livrer au mépris toute autre religion dont l'établissement est légalement reconnu en France.

Art. 3. Tout attentat, par l'un des mêmes moyens, contre la dignité royale, les droits ou l'autorité du Roi, l'inviolabilité de sa personne, l'ordre de successibilité au trône, les droits ou l'autorité des Chambres, sera puni d'un emprisonnement de quinze jours à six mois, et d'une amende de 16 fr. à 500 fr.

Art. 4. L'attentat par l'un de ces moyens contre les droits garantis par les articles 5 et 9 de la Charte constitutionnelle, sera puni d'un emprisonnement de six jours à trois mois, et d'une amende de 16 fr. à 200 fr.

Art. 5. Quiconque, par l'un des mêmes moyens, aura excité à la haine ou au mépris du gouvernement du Roi, sera puni d'un emprisonnement de six jours à six mois, et d'une amende de 16 fr. à 500 fr.

§. IV.

Outrages et violences envers les Chambres, les Cours, Tribunaux, Corps constitués, et envers les dépositaires de l'autorité et de la force publiques.

Art. 6. Toute allégation ou imputation d'un fait qui porte atteinte à l'honneur ou à la considération de la personne ou du corps auquel le fait est imputé, est une diffamation.

Toute expression outrageante, terme de mépris ou invective, qui ne renferme l'imputation d'aucun fait, est une injure.

La diffamation ou l'injure commise par l'un des moyens énoncés en l'art. 2 de la présente loi, envers les cours, tribunaux ou autres corps constitués, sera punie d'un emprisonnement de quinze jours à deux ans.

Art. 7. L'outrage fait publiquement d'une manière quelconque, à raison de leurs fonctions ou de leurs qualités, soit à un ou à plusieurs membres de l'une des deux Chambres, sera puni d'un emprisonnement de quinze jours à deux ans.

L'outrage fait de la même manière à un ministre d'un culte légalement reconnu en France, à l'occasion de ses fonctions ou de sa qualité, sera puni d'un emprisonnement de six jours à un mois, et d'une amende de 16 fr. à 200 fr.

Le même délit envers un juré, à raison de ses fonctions, sera puni d'un emprisonnement de dix jours à un an, et d'une amende de 16 fr. à 500 fr.

Le même délit envers un témoin, à raison de sa déposition, sera puni d'un emprisonnement de six jours à un mois, et d'une amende de 16 fr. à 200 fr.

Si l'outrage dans les différens cas prévus par le présent article a été accompagné d'excès ou violences envers leurs personnes, le coupable sera puni conformément aux articles 228, 229, 231, 232, 233 et 264 du Code pénal.

SECTION VI.

Délits commis par la publication ou l'exposition publique de dessins gravés ou lithographiés , sans autorisation préalable ; et par la voie d'écrits , images ou gravures distribués sans nom d'auteur, imprimeur ou graveur.

Art. 8. Toute publication, vente ou mise en vente, exposition, distribution, sans l'autorisation préalable du gouvernement, de dessins gravés ou lithographiés sera, pour ce seul fait, punie d'un emprisonnement de trois jours à six mois, et d'une amende de 10 fr. à 500 fr., sans préjudice des poursuites auxquelles pourrait donner lieu le sujet du dessin.

DISPOSITION GÉNÉRALE.

Art. 9. Dans tous les cas exprimés par la présente loi où le délit aura été commis par le moyen de la presse , le coupable pourra , en outre des peines portées par la loi, être puni d'une amende qui n'excédera jamais 3,000 fr.

Article transitoire.

Art. 10. Les articles 4, 5, 8, 13, 14 et 15, de la loi du 17 mai 1819, et l'art. 8 de la loi du 31 mars 1820 sont abrogés.

DISPOSITION PARTICULIÈRE.

Art. 11. Dans le compte fidèle et rendu de bonne foi des séances publiques de la Chambre des Députés, et qui, aux termes de l'art. 22 de la loi du 17 mai 1819, ne donne lieu à aucune action juridique, les journaux ne pourront faire mention que des discours prononcés à la tribune, et des opérations auxquelles la Chambre se livre aux termes de ses réglemens.

Dans le cas de la violation de cette défense, il pourra être interdit aux propriétaires éditeurs du journal, ou écrit périodique, de rendre compte des débats de la Chambre pendant le reste de sa session. Ils pourront aussi être punis d'une amende de 100 fr. à 3,000 fr.

De la Poursuite (1).

Art. 12. Dans le cas d'offense envers les Chambres, ou l'une d'elles, par l'un des moyens énoncés en la présente loi; la Chambre offensée, sur la simple réclamation d'un de ses membres, pourra autoriser les poursuites.

Art. 13. Seront poursuivis devant la police correctionnelle et d'office:

1.º Les délits prévus par les art. 1, 7 et 8 de la présente loi.

2.º L'injure dans tous les cas prévus par l'art. 6 de la présente loi, et par l'art. 9 de la loi du 17 mai 1819.

3.º La provocation publique à des crimes non effectués ou à des délits, par la vente, distribution, mise en vente, ou exposition dans les lieux ou réunions publics de dessins, gravures, peintures ou emblêmes.

4.º La violation de la défense faite par l'art. 11 de la présente loi.

Les autres délits prévus par la présente loi, seront jugés conformément à l'article 13 de la loi du 26 mai 1819.

---

(1) Ces articles devraient figurer au Code d'Instruction criminelle, ils y prendraient place au 2.ᵉ chap. du tit. 1.ᵉʳ, et au 1.ᵉʳ chap. du tit. 2, mais il faudrait pour cela refondre, avec quelques articles du Code, la loi du 26 mai 1819, et le 2.ᵉ titre du Projet de loi. Je n'ai pu ni dû me livrer à ce travail.

OBSERVATIONS

Sur le second Projet de loi présenté à la Chambre des Députés, par M. le Garde-des-sceaux, dans la séance du 5 décembre 1821.

La vérité est comme la ligne droite, il n'y en a qu'une d'un point à un autre; on peut en dire autant de la justice : si pour compléter le corps des lois d'une nation, un législateur est appelé à en faire une qui, par conséquent, soit d'un intérêt général et de tous les temps; on peut dire que cette loi préexiste déjà, comme toutes les vérités et que le législateur n'a qu'à la faire sortir soit des vérités morales, pour la détermination du délit; soit par analogie des autres lois de l'État pour la nature et la fixation de la peine. Faisant l'application de ces principes à la loi sur les délits commis par un moyen quelconque de publication, on conçoit qu'il ne faut pas rechercher pour faire cette loi quelles sont les circonstances particulières où nous nous trouvons sous un rapport quelconque; qu'il ne faut pas considérer par exemple, parce que cela n'est que momentané, si les esprits encore échauffés par des passions et mal accoutumés au gouvernement représentatif, pourraient être vivement agités par la liberté absolue de la presse; il faut faire la loi générale et de tous les temps; c'est le but, c'est la fin où l'on doit arriver; cette loi faite, si le législateur est convaincu qu'elle ne suffit pas au temps où il se trouve, il en suspend l'effet ou en augmente la sévérité par une mesure temporaire, qui donne aux esprits le temps de se calmer, et aux mœurs politiques, celui de s'habituer au institutions de l'Etat.

Si, suivant la marche opposée, on s'obstinait à faire tous les ans des lois nouvelles sur la même matière, en les modifiant chacune selon la circonstance, on aurait bientôt vingt lois plus ou moins mauvaises, plus ou moins embrouillées, qui en définitive ne fixeraient en rien la jurisprudence et ne produiraient que trouble et incertitude.

Supposons qu'après de sages délibérations, on soit parvenu à faire d'après les principes que j'ai posés d'abord, la loi sur les délits commis par toute voie de publication, et particulièrement au moyen de la presse. Il n'y aurait dans des circonstances ordinaires aucune modification à y apporter, elle servirait également à la répression des journaux et des autres écrits imprimés.

Mais supposons encore, (et je n'agiterai pas la question de savoir s'il en est ainsi maintenant, ce qui sera suffisamment débattu ailleurs), que les circonstances soient telles que la liberté de la presse laissée aux journaux ou écrits périodiques pût être dangereuse; la seule mesure prescrite par cet état de choses, serait une loi temporaire qui suspendît pour les journaux la liberté de la presse et fît à leur égard une exception à la loi générale.

Toute exception à la loi générale ne peut être faite par le législateur que pour un temps fort court; sauf à l'expiration de ce temps à renouveller cette exception.

Les Députés des départemens peuvent bien juger aujourd'hui que la liberté accordée aux journaux peut être dangereuse; mais peuvent-ils décider qu'elle le sera également dans un an? et quand même ils le pourraient; le mandat qu'ont reçu ceux dont il expire avant la session prochaine, ne les autorise pas à consentir une exception à la loi générale, aux droits de tous les citoyens, pour un temps où ce mandat n'existera plus. Ils ont bien le droit de faire des lois perpétuelles, c'est-à-dire d'ordonner l'exécution de tout ce qui est conforme à l'équité et à nos lois actuellement en vigueur pour un temps illimité; mais quand il s'agit au contraire de faire une exception aux lois, de décider que tel droit fondé sur la raison, l'équité et la Charte sera suspendu, ils ne peuvent rien arrêter pour un temps postérieur à celui où finira le mandat en vertu duquel ils agissent.

Cette vérité me paraît tellement incontestable, qu'elle me semble trancher absolument la question de savoir, si la censure pour les journaux peut être accordée au gouvernement pour plus d'une année. Je crois que la Chambre outrepasserait ses pouvoirs en stipulant dans ce cas pour plus d'un an et que la loi qu'elle adopterait dans ce sens, serait en droit public frappée de nullité.

Si la censure des journaux doit avoir lieu une année encore, je crois quelle devrait être soumise à la surveillance plus ou moins immédiate des Chambres. Tous les droits des citoyens sont précieux en eux-mêmes, et plus encore par leur liaison entr'eux : quand les circonstances forcent de suspendre l'exercice de l'un de ces droits, c'est une haute magistrature que celle qui fixe à son gré les limites de l'exercice qu'on peut en faire. C'est la manière dont elle est exercée qui prépare l'usage entier du droit suspendu. Elle ne peut être confiée à tous les hommes indistinctement.

Je livre cette réflexion à la méditation de ceux qui s'occupent de législation; s'ils la croient juste, les moyens d'en atteindre le but se présenteront facilement à leur esprit.

F I N.

Imprimerie de P.-N. ROUGERON, rue de l'Hirondelle, n.° 22.